曜阳养老机构指导丛书 第三分册

中国红十字会总会事业发展中心
中国社会保障学会
联合主编

曜阳养老机构员工手册

中国劳动社会保障出版社

图书在版编目(CIP)数据

曜阳养老机构员工手册/中国红十字会总会事业发展中心，中国社会保障学会联合主编. -- 北京：中国劳动社会保障出版社，2019.10

(曜阳养老机构指导丛书)

ISBN 978-7-5167-4216-7

Ⅰ.①曜… Ⅱ.①中… ②中… Ⅲ.①养老院-人事管理-中国-手册 Ⅳ.①D669.6-62

中国版本图书馆 CIP 数据核字(2019)第 206828 号

中国劳动社会保障出版社出版发行

(北京市惠新东街 1 号　邮政编码：100029)

*

保定市中画美凯印刷有限公司印刷装订　新华书店经销

787 毫米×1092 毫米　32 开本　3 印张　45 千字

2019 年 12 月第 1 版　2019 年 12 月第 1 次印刷

定价：20.00 元

读者服务部电话：(010) 64929211/84209101/64921644

营销中心电话：(010) 64962347

出版社网址：http://www.class.com.cn

曜阳养老机构指导丛书
编　委　会

魏　国　中国红十字会总会事业发展中心副主任
郑舒文　中国人民大学社会保障专业博士研究生

《曜阳养老机构服务规范》编委

魏　国　中国红十字会总会事业发展中心副主任
谢　红　北京大学护理学院副教授
曲夕彦　济南曜阳国际老年公寓院长
孟庆莲　济南曜阳国际老年公寓副院长
李　彤　中国红十字会总会事业发展中心老龄事业部副部长、扬州曜阳国际老年公寓院长
亓　文　中国红十字会总会事业发展中心老龄事业部主任科员

《曜阳养老机构员工手册》编委

石　琤　香港大学博士后研究员
魏　国　中国红十字会总会事业发展中心副主任
谢　红　北京大学护理学院副教授
亓　文　中国红十字会总会事业发展中心老龄事业部主任科员

丛书前言

江 丹

（中国红十字会总会事业发展中心主任）

一

2000年，我国正式进入人口老龄化社会。截止到2018年年底，我国共有60周岁及以上老年人2.49亿人，占人口总数的17.9%。党中央高度重视应对人口老龄化工作。习近平总书记指出，要坚持党委领导、政府主导、社会参与、全民行动相结合，坚持应对人口老龄化和促进经济社会发展相结合，坚持满足老年人需求和解决人口老龄化问题相结合，努力挖掘人口老龄化给国家发展带来的活力和机遇，努力满足老年人日益增长的物质文化需求，推动老龄事业全面协调可持续发展。

中国红十字会是党和政府在人道领域联系群众的桥梁和纽带。自成立以来，中国红十字会始终弘扬“人道、博爱、奉献”的红十字精神，向最易受损群体提供灾害救援、应急救护和人道救助等公益服务，组织开展捐献血液、捐献造血干细胞、捐献人体器官组织等公益工作。近年来，随着我国人口老龄化形势的迅猛发展，中国红十字会主动协助党和政府积极有效地应对人口老龄化，动员全系统参与养老服务工作，在养老护理技能培训、养老志愿服务、兴办公益养老机构、救助困难老年人等方面开展了大量的工作，取得了突出的成绩，不仅探索了新时代中国红十字会的发展道路，而且彰显了红十字会在参与社会治理、增进民生福祉中的独特作用。

中国红十字会总会事业发展中心（以下简称中心）是中国红十字会总会直属事业单位，长期致力于公益养老、教育助学、扶贫济困、文化宣传等公益事业，开展了一系列工作，打造了“曜阳养老”“拔萃教育”“博爱中国”三个品牌。在公益养老服务领域，中心结合红十字组织的性质和优势，探索公益性服务与市场化运作相结合的新型社会养老服务模式，不断强化“曜阳养老”公益品牌的人文关怀和医养结合特色，逐步形成了以建设曜阳养老机构、开展曜阳关爱行动、构建曜阳养老支持平台为主要内容的曜阳养老服务工作体系。经过20年的努力和探索，曜阳养老的服务内容不断拓展，社会影响越来越广，中心由公益养老服务的实践者逐渐成长为公益养老服务的引领者。

二

从 2014 年起，中心通过建设“曜阳托老所”、组织实施中央彩票公益金项目、广泛募集社会爱心款物等形式，为近 1 000 家养老机构提供了直接的支持帮助，并与全国近 5 000 家养老机构建立起了工作联系。为了充分发挥红十字会的枢纽型社会组织作用，支持广大养老机构的建设和发展，中心构建了曜阳养老支持平台，为养老机构陆续提供了物资资助、人才培养、研究交流、信息技术、文化传播等支持性服务，受到了广大养老机构的一致好评。

在与广大养老机构联系合作的过程中，中心发现，我国养老机构特别是民办养老机构，普遍存在管理水平不高、服务质量偏低等突出问题。造成这些问题的主要原因之一，在于养老机构的建设者、管理者和服务人员对养老服务的标准和规范，理解认识不到位、操作执行不到位，亟须进一步加大对养老机构管理和服务人员的系统培训和有效指导。

基于上述认识，中心联合中国社会保障学会等专业组织，认真研究养老服务的有关国家标准、规范和要求，梳理了广大养老机构在建设、管理与服务等方面必须遵循的最基本和最起码的工作要求，形成了“曜阳养老机构标准”。在此基础上，共同编撰了“曜阳养老机构指导丛书”，并融入了中心所属曜阳养老机构的有益经验和特色做法，以期为广大养老机构提供管理和服务的工作指导，不断提升其管理水平和服务质量。

三

“曜阳养老机构指导丛书”一套共三册，主要包括建设与管理、养老服务、员工管理三个方面的主题。

第一分册为《曜阳养老机构建设与管理指南》，以养老机构负责人，从事管理、建设和保障的工作人员为主要阅读对象，包括三大部分。第一部分，简要列举了养老机构规划建设和经营发展的主要思路。第二部分，涉及机构建设和装修，包括机构建设总体原则、建筑设计基本要求、装饰装修要求、空间和设施设备配置要求等内容。第三部分，包括行政管理、人事管理、财务与资产管理、后勤管理、日常安全与院内感染管理、党群工作与文化建设等具体内容。

第二分册为《曜阳养老机构服务规范》，以养老机构分管服务工作负责人、护理部负责人和从事护理及相关服务的工作人员为主要阅读对象，共包括出入院服务、生活照料、医疗护理、医疗康复、文化娱乐、心理精神支持、安宁服务、风险防范与应急处理等内容。

第三分册为《曜阳养老机构员工手册》，以口袋书的形式，涵盖了曜阳养老品牌、员工岗位职责要求，以及岗位应知应会等内容，以从事护理服务的工作人员为主要阅读对象。

四

“曜阳养老机构指导丛书”吸收了中心举办的扬州曜阳国际老年公寓、富春江曜阳国际老年公寓、济南曜阳国际老年公寓和北京市海淀区曜阳养老服务中心在建设、管理和服务过程中形成的有益经验。与 2014 年中心组织编撰出版的“曜阳养老护理员培训指导丛书”（一套三册）相比，本次编撰的培训丛书具有如下三个特点：

一是内容更加全面。2014 版丛书，全部内容都聚焦于养老护理上面。而 2019 版丛书，不仅涵盖了养老护理（包括生活照料和医疗护理）的有关内容，而且加入了出入养老机构、医疗康复、文化娱乐与心理精神支持、志愿服务与社会工作、安宁服务以及风险防范与应急处理等重要内容。同时，将养老机构的建设标准、日常管理和员工管理等重要内容纳入其中，培训丛书的内容更加丰富，能够满足建设者、管理者和服务人员的需要，也更加便于养老机构相关人员学习和使用。

二是依据更加科学。2019 版丛书，主要依据国家市场监督管理总局和国家标准委最新发布的《养老机构服务基本规范》（GB/T 35796—2017）、《养老机构等级划分与评定》（GB/T 37276—2018）等相关标准，同时贯彻落实民政部等《关于开展养老院服务质量建设专项行动的通知》（民发〔2017〕51 号）、民政部等《关于做好 2019 年养老院服务质量建设专项行动工作的通知》（民发〔2019〕52 号）等文件的最新要求。

三是特色更加突出。人文关怀是“曜阳养老”公益品牌最突出的特色。在编撰 2019 版指导丛书的过程中，中心特别注意将人文关怀的理念体现在建设、管理保障及服务的诸多方面，如在机构建设方面，中心提出要坚持安全环保、适老助老、经济适用等基本原则；在管理保障方面，中心提出人文关怀不仅要覆盖入住老年人，还要覆盖服务人员；在服务方面，中心提出不仅要满足老年人在物质生活、医疗健康等方面的基本需要，还要尽力满足老年人在精神文化、自我实现等方面的高层次需求；等等。

提升广大养老机构的能力水平和服务质量，不是一蹴而就的事情，而是一个螺旋式上升的过程。2019 版指导丛书所列明的主要内容，只是当前我国养老服务机构质量管理标准的最基本和最起码的要求。希望通过 3 年左右的努力，广大养老机构在中心和中国社会保障学会的指导以及帮助下，都能够达到这些要求。届时，中心和中国社会保障学会将进一步梳理国家有关标准和规范，形成更高层次的曜阳养老机构标准和规范，帮助广大养老机构持续提升管理能力和服务质量。

五

制定曜阳养老标准、编撰指导丛书等工作，得到了学会的大力支持。全国人大常委会委员、中国社会保障学会会长、中国人民大学教授郑功成老师在百忙之中带领相关团队成员，组织开展了梳理国家相关标准、制定曜阳养老标准和编写指导丛书的工作，提出了很多专业性和建设性的意见，使相关工作得以高质量地进行。北京大学护理学院谢红副教授全程参与了标准梳理和丛书编撰工作，付出了大量的辛苦努力。首都医科大学附属北京康复医院（北京康复医学院）郄淑燕副教授、北京师范大学心理学院王大华教授等提供了专业指导意见，提升了相关内容的科学性和规范性。在此，对各位专家学者的支持和帮助表示衷心感谢！

我们也清醒地看到，面对我国人口老龄化的严峻形势，我们的探索还是初步的，梳理的标准和编撰的丛书还存在不周全、不完善的地方。我们衷心地希望广大养老机构的负责人和工作人员，养老服务及相关领域的专家学者和工作同行，及时地提出批评完善的意见建议。

《国务院办公厅关于推进养老服务发展的意见》（国办发〔2019〕5 号）指出，“要健全党委领导、政府主导、部门负责、社会参与的养老服务工作机制”。养老服务工作是一项系统工程，必须动员和调动各方面力量，统筹协调，各司其职，形成合力。中心愿意同包括中国社会保障学会在内的广大社会组织和养老同仁一道，紧密团结在以习近平同志为核心的党中央周围，坚持以习近平新时代中国特色社会主义思想为指导，主动作为、攻坚克难、开拓创新，为新时代中国红十字事业和养老服务事业继续不懈努力，为全面建成小康社会、实现中华民族伟大复兴做出应有的贡献，用扎实有效的工作庆祝新中国成立 70 周年！

2019 年 8 月于北京

分册前言

《曜阳养老机构员工手册》是“曜阳养老机构指导丛书”第三分册。本书以广大养老护理员为主要阅读对象，包括三部分内容。

第一部分“机构与品牌”，主要介绍中国红十字会、中国红十字会总会事业发展中心及“曜阳养老”公益品牌的相关情况。

第二部分“职责与要求”，主要介绍了养老机构主要工作人员的岗位职责，明确了工作中的基本要求、具体要求和工作守则，列举了工作中应该给予奖励或惩处的行为，并介绍了养老机构培训的主要形式。

第三部分“养老服务应知应会”，采用问答的形式，列举了养老服务伦理与道德、个人心理调节、老年人生理与心理特点、老年护理要点、特殊老年人照顾服务、服务意外事件的应对与预防、消防安全知识及突发事件处置等方面共计 38 个问题及答案要点。

希望通过这本口袋书，广大养老护理员能够了解中国红十字会总会事业发展中心的公益养老服务工作及

“曜阳养老”公益品牌，逐渐树立起人文关怀的理念；能够掌握养老护理服务的基础知识和基本要求，不断提高风险防控和应对能力；能够明确岗位工作要求，不断增强质量意识，提高服务能力和服务水平。

由于我们的水平有限，书中难免存在错误之处，敬请广大读者批评指正。

2019 年 8 月于北京

目　录

第一部分　机构与品牌

第二部分　职责与要求

第三部分　养老服务应知应会

第一部分

机构与品牌

一、中国红十字会简介

中国红十字会是中华人民共和国统一的红十字组织，是从事人道主义工作的社会救助团体，是国际红十字运动的重要成员。

中国红十字会始终坚持中国共产党的领导，是党和政府在人道领域联系群众的桥梁和纽带。中国红十字会以保护人的生命和健康，维护人的尊严，发扬人道主义精神，促进和平进步事业为宗旨。

长期以来，中国红十字会遵守宪法和法律，遵循国际红十字运动基本原则，依照中国参加的日内瓦公约及其附加议定书，认真履行法定职责，充分发挥在人道领域的助手作用，为我国经济社会发展做出了重要贡献，成为社会主义和谐社会建设的重要力量、精神文明建设的生力军和民间外交的重要渠道。

根据 2017 年修订的《中华人民共和国红十字会法》，中国红十字会依法履行下列职责：

1. 开展救援、救灾的相关工作，建立红十字应急救援体系，在战争、武装冲突和自然灾害、事故灾难、公共卫生事件等突发事件中，对伤病人员和其他受害者提供紧急救援和人道救助；

2. 开展应急救护培训，普及应急救护、防灾避险和卫生健康知识，组织志愿者参与现场救护；

3. 参与、推动无偿献血、遗体和人体器官捐献工作，参与开展造血干细胞捐献的相关工作；

4. 组织开展红十字志愿服务、红十字青少年工作；

5. 参加国际人道主义救援工作；

6. 宣传国际红十字和红新月运动的基本原则和日内瓦公约及其附加议定书；

7. 依照国际红十字和红新月运动的基本原则，完成人民政府委托事宜；

8. 依照日内瓦公约及其附加议定书的有关规定开展工作；

9. 协助人民政府开展与其职责相关的其他人道主义服务活动。

二、中国红十字会总会事业发展中心简介

根据《中华人民共和国红十字会法》，全国建立中国红十字会总会。中国红十字会总会对外代表中国红十字会。

中国红十字会总会事业发展中心（以下简称中心）是中国红十字会总会直属事业单位，前身是2006年3月成立的中国红十字基金会事业发展办公室，2009年2月更名为中国红十字基金会事业发展中心。2011年5月，经中央机构编制委员会办公室批准，正式成立中国红十字会总会事业发展中心，包括办公室、老龄事业部、教育事业部和项目拓展部等4家内设机构。现有工作人员近40人，其中博士3人、硕士13人。

长期以来，中心在总会党组的领导下，在顾问团队、专家团队、爱心人士等社会各界的大力支持下，大力弘扬“人道、博爱、奉献”的红十字精神，致力于公益养老、教育助学、救助扶贫、文化宣传等公益事业，开展了一系列工作，打造了“曜阳养老”“拔萃教育”

和“博爱中国”三个品牌，得到了上级领导的充分肯定。

创新开展党建工作。中心认真贯彻落实《中国共产党支部工作条例》，在做好中心自身党的建设工作的同时，指导中心所属教育、养老实体机构做好党的建设工作，引导中心所联系的广大养老机构做好党的建设工作。

兴办曜阳养老机构。中心先后筹资举办了 3 家曜阳国际老年公寓，合作举办了 2 家曜阳养老机构，以公建民营形式管理运营 1 家公立养老机构，其中扬州曜阳和富春江曜阳老年公寓已经成为“全程照护医养结合型”示范性养老机构。

开展曜阳关爱行动。中心先后协调中央专项彩票公益金 1.53 亿元，募集社会爱心捐赠资金 3 000 余万元，累计支持中西部地区近 1 000 家养老机构，惠及贫困老年人 10 万余人。

建设曜阳支持平台。中心先后合作举办了四届“中国养老服务业发展高层论坛”、10 余次养老服务专题论坛及相关交流活动，举办了 20 期养老机构院长和养老护理员培训班，培训养老人才 2 000 多名，与 CCTV 合作举办了“职业盛典——优秀养老护理员事迹展播活动”，不断提升养老护理员的社会地位。

建设拔萃教育学校。中心先后筹资举办2所优质基础教育学校，以公办民助的形式管理1所公立学校，累计为5万余名学生提供了优质基础教育机会。打造红十字教育特色，以“红萃生”的形式，为2 300余名贫困学生减免学费合计1 600余万元。

开展博爱中国活动。中心先后设立了江上青教育基金、仁爱基金、博爱中国基金，累计募集社会捐赠1.4亿元。组织举办“博爱中国·文化”活动，为中西部地区老年人和少年儿童举行高水平文化演出20余场。组织举办“博爱中国·教育”活动，在中西部地区资助建设10所“拔萃公益小学”，奖励优秀教师和优秀学生近2 000人；为中西部地区学校和教师提供理论宣讲和教学技能培训服务。组织举办“博爱中国·健康”活动，协调比利时UCB健康希望基金，在中西部地区开展12期乡村医师培训活动，启动了癫痫病专科治疗技术培训。

中心的工作得到了有关领导和业界专家的高度肯定和积极评价。第十一届全国人大常委会副委员长华建敏、第十届全国政协副主席张怀西等先后题词勉励。全国人大常委会副委员长、中国红十字会会长陈竺作出专门批示，充分肯定中心的“一老一小”等工作。中共中央党校将曜阳养老选入国家级研究课题，并将其选入省部级、地厅级干部培训班和中青班的民生教学案例。

红十字事业源远流长，任重道远。中心将以习近平新时代中国特色社会主义思想为指导，在总会党组的坚强领导下，在社会各界的大力支持下，围绕“红十字精神的实践者和示范者、公益养老和民办教育的引领者”的目标定位，紧紧围绕红十字会的主责主业，贯彻落实总会改革方案，创新推进各项工作，为发展我国红十字事业、实现两个一百年奋斗目标做出应有的贡献。

官方网址：http://www.bdc.org.cn/。

三、“曜阳养老”公益品牌介绍

公益养老是中国红十字会总会事业发展中心的核心业务和重点工作。自 1999 年以来，中心秉承“人道、博爱、奉献”的红十字精神，主动发挥社会组织优势，积极探索公益服务与市场化运作相结合的新型社会养老服务模式，着力打造以人文关怀为主要特色的“曜阳养老”公益品牌，逐步形成了包括制定曜阳养老标准、兴建曜阳养老机构、开展曜阳关爱行动、构建曜阳支持平台、开展曜阳志愿服务为主要内容的曜阳养老服务体系。

（一）曜阳养老理念

秉承“心系社会、回报社会”的服务理念，大力弘扬“人道、博爱、奉献”的红十字精神。

1. 发挥社会组织优势，积极探索公益服务与市场化运作相结合的新型社会养老服务模式。

2. 力所能及地为革命功臣、劳动模范以及困难失能老年人，提供公益性养老服务。

（二）曜阳养老标识

1. 曜阳养老标识组成部分

曜阳养老标识由文字、图形、色彩等要素组合构成。图形整体为双手向上托起寿桃，象征着幸福、健康、长寿。双手似两片绿叶，既是衬托，也有保护、托起之意；寿桃好似一颗热情的心，洋溢着曜阳人的理念：爱心、放心、开心，其中阴刻和阳刻的两张寿星笑脸，微笑着面向大家，暗喻着对曜阳人服务的满意；双手托起的寿桃好似一轮冉冉升起的曜日，预示着无限的美好未来。图形整体风格简洁明快、时尚雅致、易懂易记。

2. 使用曜阳养老标识

曜阳养老标识主要用于曜阳养老机构形象识别系统（包括建筑外观标识、工作服饰、宣传牌等）和空间引导系统，开展曜阳养老服务活动和养老培训等相关场地布置，曜阳养老品牌宣传推广物料等。

（三）曜阳养老特色

曜阳养老以“人文关怀”为主要特色，强调“以人为本”，为老年人提供专业化、规范化、人性化的养老服务，不断满足老年人多层次、多样化的养老服务需求。

1. 曜阳养老人文关怀的具体体现

一是开展适宜文体娱乐活动，满足各类老年人的精神文化需求，推动实现老有所乐。

二是推进医养结合养老服务，满足各类老年人的健康需求，推动实现病有所医。

三是开展人道救助和公益援助，满足贫困失能老年人的基本生活需求，推动实现老有所依。

四是实施心理帮扶和安宁疗护，满足临终老年人的临终关怀需求，推动实现老有所安。

五是引导健康老年人开展志愿服务，提高老年人的社会参与，推动实现老有所为。

2. 曜阳养老“三化”服务的具体内容

一是专业化服务。经过系统的职业培训，建设一支具备专业养老服务知识和技能的曜阳养老服务团队，为老年人提供全方位、全过程、专业化的养老服务。

二是规范化服务。通过制定、发布和实施统一的曜阳养老标准，规范管理和服务行为，为老年人提供养老服务，从而获得最佳的社会效益和经济效益。

三是人性化服务。曜阳养老服务团队围绕着老年人生理和心理层面的需求，提供个性化、人性化的服务。

（四）曜阳养老服务工作体系

1. 兴办曜阳养老机构

中心先后在扬州、杭州、济南、贵阳、邯郸、北京海淀、湖北孝感等地兴建了多家曜阳养老机构，为入住老年人提供高品质专业化的养老服务。其中扬州曜阳和杭州富春江曜阳，各自包含自理型养老公寓、康复（老年）医院和护理院三大功能板块，形成了“全程照护医养结合型养老服务”模式，成为曜阳养老品牌旗舰店。济南曜阳和海淀曜阳，已成为护理型曜阳养老示范机构。贵阳曜阳和邯郸曜阳，已成为医养结合型曜阳养老示范机构。贵阳曜阳入选 2017 年国家发改委、民政部等遴选的“新时代养老服务业发展典型案例”。

2. 开展曜阳关爱行动

中心主动关爱贫困老年人和失能半失能老年人，积极协调中央彩票公益金、募集社会爱心捐赠，帮助中西部地区的养老机构增添生活照料、医疗护理康复等类别的设备及用品，改善入住老年人的生活条件。中心还组织爱心艺术家，经常赴中西部养老机构开展慰问演出，丰富了老年人的精神文化生活；组织全国知名医院医疗专家团队，经常赴中西部养老机构开展义诊和巡诊服务，把优质的医疗服务送到老年人身边。

3. 构建曜阳支持平台

中心与近 5 000 家养老机构建立了联系，在提供物资支持的同时，定期举办养老护理员培训和养老机构院长培训；与中国社会保障学会合作，于每年重阳节举办“中国养老服务业发展高层论坛”；多次组织养老院长参加相关学术交流活动；与 CCTV 合作举办“职业盛典——优秀养老护理员事迹展播活动”，并在 CCTV-12 频道播出，极大地提升了养老护理员的社会地位和职业荣誉感。

4. 倡导曜阳志愿服务

曜阳养老志愿者由各地红十字会与曜阳养老机构共同招募并管理。他们发挥自身专长，利用业余时间到曜阳养老机构，为机构及老年人提供各类养老志愿服务。曜阳养老志愿者主要包括大中学生、非专业爱心人士、社会专业人士、低龄健康老年人和老年人家属等五类人员。

5. 制定曜阳养老标准

中心联合中国社会保障学会，依据养老服务领域相关法律法规和标准规范，总结提炼中心所兴办的曜阳养老机构的有益经验，突出“人文关怀”的曜阳养老特色，梳理出广大民办养老机构在建设、管理和服务方面必须达到的核心要素和基本要求，编写了《曜阳养老机构建设和管理指南》《曜阳养老机构服务规范》《曜阳养老机构员工手册》等3本指导用书。

中心还将联合中国社会保障学会等专业机构，研究制定《曜阳养老机构等级标准》，在培训推广的基础上，对曜阳养老机构开展等级评估和星级认定。星级越高，表明曜阳养老机构的服务质量和服务水平越高。中心将通过曜阳支持平台，对获得不同星级认定的曜阳养老机构，给予不同的支持和服务。

（五）成果及影响

经过多年的实践与探索，曜阳养老工作取得了突出的成绩，不仅得到了有关领导的高度肯定，而且产生了良好的社会影响。

1. 主要成果

（1）人民日报社等国家级媒体，先后刊登了反映曜阳养老进展和中心研究成果的署名文章10余篇，中央电视台对曜阳养老机构进行了多次专题采访。

（2）2014年，中共中央党校青连斌教授主持的国家社科基金项目课题“我国社会养老服务体系建设面临的主要问题及政策配套体系研究”，将“曜阳养老服务”作为社会组织参与养老服务体系建设的典型案例，进行了专门研究并形成了相应的研究成果。

（3）2014 年 2 月，中心与中国社会出版社合作，编著出版了“曜阳养老护理员培训指导丛书”，包括《养老护理管理手册》《养老护理基础知识》和《养老护理技术指导》等三册，受到了养老机构院长、业务骨干及护理人员的一致好评。

（4）2014 年 5 月，中共中央党校将“曜阳养老”选入省部级干部培训班、地厅级干部培训班和中青年干部培训班的民生工作教学案例。

（5）2018 年 10 月，中心与经济科学出版社合作，编著出版了“曜阳养老人文关怀的探索与实践”系列丛书一套三册。这是国内第一套以人文关怀视角总结提炼养老服务工作经验的书籍，得到了有关领导、业界专家和养老同行的高度肯定。

2. 社会评价

曜阳养老工作得到了有关领导和业界专家的高度肯定和积极评价。第十一届全国人大常委会副委员长华建敏、第十届全国政协副主席张怀西等先后题词勉励。全国人大常委会副委员长、中国红十字会会长陈竺作出专门批示，充分肯定中心的曜阳养老等工作。中国社会保障学会会长、中国人民大学郑功成教授等专家学者，多次专题调研指导曜阳养老工作，并给予高度评价。

第二部分

职责与要求

第一章 岗位基本职责

按照曜阳养老机构的组织架构，主要的部门包括行政人事部、财务部、护理部、医务部、后勤部和营销部。

一线服务岗位主要包括：医务专业人员岗（含医生、护士等）、养老护理员岗、社会工作岗、后勤岗（含保洁员和保安等）。

一、医生岗位基本职责

1. 负责日常医疗、保健、疾病预防、慢性病管理等工作，签署有关医学证明文件。

2. 负责对入住老年人健康状况进行巡视、体检，进行健康管理。

3. 负责老年人突发疾病后诊断，危重病人初步抢救，协助转诊；疫情报告及医疗事故上报等工作。

4. 负责老年人外带药物处方的审核，临时用药开具处方。

5. 完成上级领导交办的其他任务。

二、护士岗位基本职责

1. 协助医生进行接诊工作，执行医嘱，进行护理治疗工作。

2. 负责进行内设医疗机构的消毒隔离和无菌用品管理。

3. 负责入住老年人日常口服药物的摆放、核对和发放。

4. 负责老年人常见护理问题的评估和护理计划制订，指导并监督养老护理员执行。

5. 养老机构内设医疗机构的设备、仪器、常用备药、护理物品的管理。

6. 负责医务室行政事务性工作。

7. 完成上级领导交办的其他任务。

三、养老护理员岗位基本职责

1. 负责做好老年人的各项生活照护工作。

2. 在护士指导下，负责有特殊照护需要的老年人照护风险预防和健康相关问题的观察与记录。

3. 负责本楼层内储物柜或冰箱中老年人常用物品和食品的管理。

4. 负责回应老年人日常呼叫需求，并提供相应服务。

5. 完成上级领导交办的其他任务。

四、社会工作者岗位基本职责

1. 负责组织、策划及指导入住老年人日常手操活动、晨练、文艺表演、入住老年人生日祝寿等活动。

2. 负责为新入住机构或不能适应机构生活的老年人提供向导、咨询和辅导服务。

3. 负责与社会组织、志愿者社团的联络，服务质量评估等，以及建立志愿者档案。

4. 维护入住老年人之间的关系，维系和发展老年人与其家人之间的互动关系。

5. 协助投诉的处理、纠纷的调解。

6. 完成上级领导交办的其他任务。

五、保洁员岗位基本职责

1. 负责机构内所有公共区域及老年人房间的卫生清

洁工作。

2. 负责临时性的清洁工作。

3. 负责清洁用具的保管。

4. 完成上级领导交办的其他任务。

六、保安岗位基本职责

1. 负责在巡更点的巡视安保工作。

2. 负责进出机构的车辆、人员管理登记工作。

3. 协助后勤部主管处理各类安全事故。

4. 协助楼层主管处理老年人突发意外事件。

5. 完成上级领导交办的其他任务。

第二章　员工日常行为规范

一、基本要求

（一）遵纪守法。曜阳养老机构员工应遵守职业纪律以及与职业活动相关的法律法规。

（二）服从调配。曜阳养老机构员工应服从单位的工作分配和安排。

（三）尽心尽责。曜阳养老机构员工应有质量地落实岗位要求，尽自己最大的努力来完成自己的职责。

（四）善待老年人。曜阳养老机构员工应尊重老年人的需要，友善地为老年人提供服务。

二、具体要求

（一）仪容仪表

1. 上岗应按规定穿着工服、佩戴工牌，纽扣齐全，保持平整、干净，不得佩戴夸张饰物，避免随身饰物刮伤老年人；

2. 保持面部清洁，经常梳洗头发，不要有头皮屑；

3. 可化淡妆，不宜化浓妆；

4. 注意随时洗手、经常洗澡，确保干净、无异味；

5. 饭后漱口，保持口腔清洁、无异味；

6. 见到老年人和为老年人提供服务时应保持微笑，和蔼可亲。

（二）礼貌用语（五声）

1. 老年人到来有问候声；
2. 遇到老年人有招呼声；
3. 得到协助有致谢声；
4. 麻烦老年人有致歉声；
5. 服务完毕有道别声。

（三）文明“十字”

您好；谢谢；请；对不起；再见。

（四）忌语“五类”

1. 忌用粗话、脏话；
2. 忌使用质问式语言；

3. 忌使用命令式语言；

4. 忌对老年人不愿回答的问题刨根问底；

5. 忌与老年人交谈涉及死亡的话题。

三、工作守则

1. 尊重老年人隐私、生活习惯、宗教信仰及文化习俗，维护老年人尊严。

2. 按时上岗，不擅自离岗，不干私活，有事提前请假。

3. 坚持良好的卫生习惯，保持老年人房间的整洁卫生。

4. 不私拿、擅用和损坏老年人物品，不违规接受老年人的馈赠。

5. 全心全意为老年人服务，尽职尽责，乐于奉献。

6. 发现急重病情或紧急事项，应立即采取相应的救助措施。

7. 重视与老年人及其家属的沟通交流，为老年人提供服务前应先与老年人进行充分沟通。

四、建议奖励的行为

（一）甲类行为（给予较高等级奖励）

1. 研发新护理技术、创新管理流程等，并受到行业认可；

2. 在各类重大事故中挺身而出，及时挽救老年人生命；

3. 发现重大隐患及时采取措施避免危险的发生；

4. 在市级、区级护理相关评比中荣获第一名；

5. 其他为机构建设和发展做出突出贡献的情况。

（二）乙类行为（给予一般等级奖励）

1. 遵守考勤纪律，季度出勤率 100%；

2. 遵守各项规章制度，工作积极主动，无工作失误，服从安排；

3. 受到老年人、家属、领导书面表扬 3 次以上。

五、建议惩罚的行为

（一）甲类行为（给予较高等级惩处）

1. 未经机构负责人同意，擅自将无关人员带入机构；

2. 酗酒、赌博、打架斗殴或唆使别人打架、滋事；

3. 服务态度和服务内容受到老年人或家属投诉，情节恶劣；

4. 因玩忽职守、违反技术操作规程，造成老年人走失、烫伤、触电或发生火情等意外事故及其他威胁老年人生命安全、造成重大损失的行为；因当班人员失误致药品丢失、药量不足、发错药；

5. 向老年人家属直接或者间接索要财物；

6. 利用职权营私舞弊，谋取私利，进行不道德的交易或活动；

7. 造成机构重大影响或损失；

8. 乙类过失两次以上仍不改正的；

9. 其他和上述条款性质类似过失，按此类条款处理。

（二）乙类行为（给予一般等级惩处）

1. 粗鲁对待老年人，与老年人发生争执；

2. 擅自进入老年人房间休息、洗澡、看电视等行为；

3. 服务态度、服务内容受到老年人或家属投诉，情节较重；

4. 违反护理操作规程，对老年人造成伤害；

5. 未能正确保管老年人药品，导致药品丢失、药量不足且未告知家属；

6. 诽谤他人，影响团结和个人或集体声誉；

7. 遗失机构的钥匙、印章或单据等；

8. 违反宿舍管理制度，情节较重；

9. 丙类过失两次以上仍不改正的；

10. 其他和上述条款性质类似过失，按此类条款处理。

（三）丙类行为（给予较低等级惩处）

1. 违反机构关于仪表仪容规定；

2. 无故迟到、早退；

3. 不按时参加交班会、机构培训；

4. 当值时间擅离工作岗位，出现闲逛、睡觉、干私活等非工作范围内的行为；

5. 服务态度、服务内容受到老年人或家属口头批评，情节较轻；

6. 未及时给老年人进行身体清洁、翻身，未及时清除房间异味，情节较轻；

7. 未经批准擅自调换班次；

8. 违反宿舍管理制度，情节较轻；

9. 其他和上述条款性质类似行为，按此类条款处理。

第三章　教育与培训

曜阳养老机构的员工，必须参加所在养老机构、当地主管部门及相关机构开展的教育与培训。教育与培训的类型至少包括以下方式：

（一）入职培训：机构将为每一位新员工指派一位业务导师，帮助员工快速熟悉业务并融入环境。

（二）业务培训：机构会根据业务发展需要，不定期组织业务培训或会议，包括业务相关的、机构整体层面的培训。早交班、周例会、月度例会、季度小结、半年总结和年度总结，都可以安排学习业务及相关知识。

（三）通用技能培训：根据工作的需要，员工应参加机构组织的商务礼仪、公文写作、计算机等专题技能培训。

（四）专业证书培训：员工入职满一年后，因工作需要，经批准后，可脱产、半脱产和业余参加本职专业技术职称或职业资格证书的培训。考试合格，取得相应证书，机构可给予报销当次的考试费以表示支持。

（五）学历教育：机构要鼓励员工在不影响本职工

作的前提下，参加各种业余学历教育。

（六）外出考察：为了拓展视野，有效地借鉴与学习，员工有机会参加曜阳养老机构组织的参观和考察。

（七）借调交流：为促进人才合理流动，优秀员工可被选派到其他曜阳养老机构开展交流学习。

第三部分

养老服务应知应会

第一章　养老服务的伦理与道德

问题 01：养老服务中的伦理与道德主要有哪些？

1. 尊重老年人的自主权、隐私权；
2. 行善原则；
3. 最小伤害原则；
4. 真诚原则。

问题 02：如何管理工作中的负面情绪？

负面情绪是人的一种本能反应，应进行情绪管理，不要压抑情绪。面对突如其来的负面情绪，一定不要立刻采取行动。工作中、生活中难免遇到委屈或不愉快的事情，千万不要把它们埋在心里，而是要找到一条释放的渠道。

缓解负面情绪的方法包括：向家人或者朋友倾诉、听音乐、做自己喜欢的事情、微笑、散步等。

应避免带着负面情绪工作，以免伤人伤己。

第二章　老年人生理和心理特点

问题 03：老年人的生理特点是什么？

1. 皮肤的变化

老年人皮肤老化表现在：（1）皮肤变薄，有皱纹；（2）容易受伤、淤青和晒伤；（3）对高温和低温的保护性反应差；（4）皮下组织减少，特别是在骨突处；（5）皮肤油脂和汗液分泌减少，皮肤容易干燥。

照护重点：（1）避免摆放边角锐利的家具和设施，以及不易看到的凸出物，以免导致老年人碰伤；（2）避免直接日晒；（3）根据天气调整穿衣；（4）控制安全室温，根据老年人特点及时调节室内温度；（5）如每周洗澡超过 3 次，应适当使用润肤用品。

2. 骨骼肌肉系统的变化

老年人骨骼肌肉系统老化表现在：（1）骨密度降低，身高降低，容易骨折；（2）肌肉减少，导致承受力降低、肌肉弹性和耐受性减弱；（3）关节软骨退化。

照护重点：（1）高钙饮食；（2）规律运动；（3）必要时服用药物。

3. 心脑血管系统的变化

老年人心脑血管系统老化表现在：（1）心脏的输出量减少，活动后易于疲倦；（2）压力反应性减慢，运动后心跳恢复时间延长；（3）血压控制能力减低，易出现高血压或低血压。

照护重点：（1）规律运动，适量并且循序渐进；（2）减轻压力的活动；（3）合理饮食，监测血压。

4. 呼吸系统的变化

老年人呼吸系统老化表现在：（1）肺活量减少，持续运动后出现呼吸急促和疲倦；（2）肺部气体交换能力降低，导致肺部氧气交换能力降低；（3）有效的咳嗽减少，不易咳出分泌物。

照护重点：（1）避免吸烟；（2）每日保证充足的饮水量；（3）避免呼吸道感染。

5. 神经系统的变化

老年人神经系统老化表现在：（1）神经传导速度减慢，导致反应速度减慢，学习时间延长；（2）生理疾病导致混乱增加，对新环境的适应力减弱；（3）大脑血液循环减少，易产生头晕，失去平衡，发生跌倒。

照护重点：（1）老年人记忆力、听力和学习能力下降，对外界的反应和平衡能力减退，应放慢活动和语速；（2）对新环境给予适应性指导；（3）老年人改变体位速度减慢，必要时提供支撑和防护用具。

6. 泌尿系统的变化

老年人泌尿系统老化表现在：（1）膀胱容量降低，易出现尿急、尿频；（2）男性前列腺肥大，造成排尿延长和困难；（3）女性盆底肌松弛，造成尿失禁。

照护重点：（1）选择容易穿脱的衣服；（2）保持会阴部清洁；（3）进行排尿功能训练。

7. 消化系统的变化

老年人消化系统老化表现在：（1）唾液减少，出现口干；（2）咀嚼和吞咽困难；（3）食道和胃肠功能减弱，导致排空慢，出现烧灼感、饱腹感、胀气、便秘等问题。

照护重点：（1）漱口，保持足量水分；（2）检查并训练咀嚼和吞咽功能；（3）坐位进食，饭后 30~60 min 保持坐位；（4）少食多餐；（5）适当进食高纤维低脂饮食；（6）养成定时排便习惯。

8. 运动系统的变化

老年人运动系统老化表现在：（1）握力、推力、拉力和上举等能力减弱；（2）行走缓慢且稳定性差，基本很少进行攀登动作，行走时无法同时使用双手拿取物品，通行或者活动需要占用很大的空间等。

9. 感觉系统的变化

老年人感觉系统老化表现在：（1）视觉上，对近物调整焦距能力减弱，对强光无耐受力，对光线改变适应速度放慢，分辨颜色或物体能力降低；（2）听觉上，对高频声音辨别力减弱，需要离得很近或者很大的声音才能听到；（3）味觉和嗅觉的辨别力也减弱，导致刺激味觉的糖、盐用量增加，对不良气味缺乏敏感性。

问题 04：老年人的心理特点是什么？

1. 认知功能下降，记忆力减退

老年人大脑功能发生改变，中枢神经系统功能下降，老年人容易出现反应迟钝、意识性差、注意力不集中等问题，伴有动作协调性差、灵活性下降、反应迟缓等行为动作改变。

2. 老年人易出现消极情绪情感

老年人易出现孤独感、冷落感、忧郁感、疑虑感，也常出现无力感或不满情绪，主要表现在：（1）老年人阅历丰富，在退休后，随着经济收入及社会联系减少、社会地位改变等，易出现自我价值感丧失，表现为郁郁寡欢、沉默寡言，或烦躁易怒或常感到失落，或表现出与自己年龄不相称的心理与行为，即存在退行性心理；(2) 老年人更多关注躯体的变化，往往夸大自身躯体变化的严重性，因此主观健康评价较差，出现减少活动、不愿出门现象，或采取不恰当自行服药、不合理就医等行为；(3) 部分老年人不愿正视死亡，对死亡有强烈的恐惧感，不愿谈及与死亡相关话题，害怕与家人或朋友分离而产生强烈的孤独感，其产生的焦虑与担忧在接近死亡阶段尤为强烈。

由于生活经历、情感体验的差异，老年人在情绪、意识等方面的表现个体差异较大，尤其是在遭受重大生活事件等应激事件时，这种差异更加明显。此外，由于老年人对环境变化的适应速度在下降，不同老年人之间常产生不同程度的失落感和恐惧感。由于老年人对消极情绪、情感的缓冲能力下降，积极应对方式不足，从而使消极情绪情感深刻而持久，从而严重影响老年人身心健康。

3. 老年人心理发展仍具有潜能性

虽然老年人认知功能、应对能力都表现出下降趋势，但心理发展仍具有潜能性。养老照护工作中，要从积极心理学的视角，对待老年人心理发展问题。要合理安排老年人接触社会，使老年人的智慧和才能得以发挥。照护中，可通过挖掘、激发老年人的积极人格特质，提高老年人应对生活中压力的能力，提升老年人控制感和归属感，提高主观幸福感水平。

问题05：老年人的心理健康标准是什么？

1. 智力正常。具有一定的学习记忆能力，具备学习某一方面或几个方面的知识或技能的能力。

2. 情绪良好。热爱生活，能够经常保持愉快、开朗、自信的心情及平和的心境，能够对衰老、退休等持积极态度，对生活充满信心。能够正确对待人生，一旦有了负面情绪，能够并善于自我调整，情绪稳定。

3. 人际和谐。能合理对待家庭和社会人际关系，能够理解、关心家庭成员，积极参加社会活动，乐于与人交往，建立与维持良好的社会关系。

4. 适应环境。有积极的处世态度，与社会广泛接触，对社会现状有比较清晰正确的认识，能有效地适应社会进步和变化。

第三章　养老护理要点

问题06：老年人生活护理要点有哪些?

1. 满足老年人生理需要会产生较多困难，需要更加耐心。

（1）对高龄、患病、失能的老年人，要精心照护，帮助老年人保持身体清洁，卧床老年人要注意压疮，协助老年人舒适、安全地着装；

（2）老年人饮食照顾要周到、仔细、耐心，设法满足老年人营养需要，注意进食安全；

（3）老年人排泄的照顾须掌握熟练的技巧，细心协助；

（4）老年人有睡眠障碍须仔细观察和照顾。

2. 老年人对满足安全的需要程度增加。

（1）预防安全事故发生；

（2）预防意外发生，包括环境和心理适应、日常活动、进食等情境下的突然情况。

3. 老年人免疫功能下降易发生感染性疾病。

4. 老年人机体反应功能下降，患病不易发现。

问题 07：老年人心理护理要点有哪些？

1. 服务时态度要真诚友善；

2. 倾听老年人说话要专心、耐心；

3. 向老年人询问时，要把问题说得简单、清楚；

4. 与老年人交谈中要不断核实自己是否理解清楚；

5. 当老年人心情不好、生病或害怕、恐惧时应适当抚摸；

6. 及时点头、微笑或用语言来向老年人反馈自己的感受；

7. 和他人说话要讲究方式，不要窃窃私语，以免老年人误解；

8. 若老年人说得不合理，不可立即反驳、纠正或争论以免使老年人不悦。

问题 08：与老年人沟通交流有哪些技巧？

常见的与老年人沟通交流的技巧包括：聊老年人爱聊的话题（例如：家乡、经历、养生、家务、电视节目等)，多听老年人聊天，语速放慢、适度大声，保持耐心，不要跟老年人争执对错，多向老年人请教等，沟通过程中应该态度和蔼、面带微笑，眼睛注视老年人眼睛，让老年人感受到关注。

第四章　照顾特殊老年人

问题09：什么是认知症（失智症、痴呆症）？

根据世界卫生组织的定义，认知症（也称失智症、痴呆症）是一种综合症状，通常是慢性或持续性的，是大脑认知功能（即思考能力）的恶化超出了正常衰老的预期，主要表现在记忆、思维、定位、理解、计算、学习能力、语言和判断能力等方面的退化。认知症一般伴随着情绪失控和行为失常。

问题10：认知症（失智症、痴呆症）的症状与表现有哪些？

1. 认知症的主要表现包括：

（1）记忆功能障碍（容易忘事，特别是最近的事容易忘）；

（2）定向力障碍（分不清方向、地点和人物）；

（3）计算力障碍（不会计算，买东西不知道付多少钱）；

（4）情感障碍（情绪不稳，时而高兴，时而无缘无故地不高兴）；

（5）行为异常（行为古怪，或违背常规，无法被他人所理解）；

（6）理解判断力障碍（不能系统地思考问题，对周围的事不能做出相应的判断）等。

2. 认知症在不同阶段的主要表现和程度有所不同。

（1）认知症的早期症状非常容易被忽视，常见的症状包括：健忘、忘记时间、在熟悉的地方迷路。

（2）认知症发展到中期，症状和体征越来越清晰，主要表现为：忘记最近发生的事情和人们的名字，在家里迷路，越来越难与人沟通，日常生活需要其他人帮助，行为异常，例如在一个地方来回走、反复提问同一个问题等。

（3）认知症的晚期记忆力减退十分严重，各种身体迹象和症状变得更加明显，主要包括：不知道时间和地点，辨认亲戚和朋友有困难，依赖其他人的照护，走路有困难，行为异常更加严重，例如攻击其他人。

问题 11：认知症（失智症、痴呆症）的护理目标是什么？

目前还没有治疗认知症的有效方法，但是可以通过对认知症老年人（也称失智老年人、痴呆老年人）的良好护理和照料延缓病情的发展和缓解其痛苦。

对认知症老年人护理的主要目标是：第一，尽早发现和诊断，为认知症老年人提供早期和最佳病情管理和照护。第二，促进老年人的身体健康，鼓励老年人参加活动，锻炼他们的记忆能力，增进认知症老年人幸福感。第三，尽早识别和治疗伴随认知症产生的身体疾病。第四，发现和预防认知症老年人异常行为，及时调整老年人的心理状态。

问题 12：什么是老年人的临终关怀？

临终是指由于疾病末期或意外事故，造成人体主要器官生理功能衰竭，不能用现有医疗技术治愈，死亡即将发生的时期。目前世界上不同的国家对临终的时限尚未有统一的标准。日本将预计只能存活 2~6 个月的患者称为临终患者，美国将预计只能存活 6 个月以内的患者称为临终患者，英国将预计只能存活 1 年以内的患者称为临终患者，而我国一般将只能存活 3~6 个月的患者称为临终患者。

临终关怀主要针对濒死者，包括对临终老年人及其家属进行生理、精神和经济方面的全方位服务，不以治愈疾病、延长生命为目的，而是通过缓解病痛来给患者安慰，提高人生最后一站的生活质量，让他们有尊严地离开。其宗旨是帮助临终老年人了解死亡是生命过程的一部分，坦然面对和接纳。通过必要手段减轻临终老年人生理和心理上的痛苦，尊重临终老年人的权利，维护其生命尊严，并为临终老年人的家庭成员提供帮助和支持。

问题 13：临终老年人的护理有哪些注意事项？

对于临终老年人的照护一般以缓解老年人的痛苦、减轻其疾病的症状、延缓疾病发展为目的。关于临终护理措施及注意事项主要包括以下几个方面：

1. 提高护理水平。临终老年人身体常插有各种导管，如鼻导管、输液管、导尿管、引流管和其他监测管等，需要有责任护士或专人守护，严密观察病情变化，熟练地进行各种护理操作。

2. 做好基础护理。除常规基础护理外，勤翻身，多拍背，帮助临终老年人做力所能及的活动，以预防褥疮、肺炎及其他并发症的发生。

3. 密切观察老年人的身体和心理变化。临终老年人的心理极为敏感、复杂，对人格、友谊、尊严倍加珍视，对护理人员的一言一行更为在意。因此，护理人员高尚的道德品质、精湛娴熟的技术、和蔼可亲的笑容会赢得临终老年人的信赖。因此，哪怕只能给临终老年人带来片刻的欢愉，也要自觉地、竭尽全力地采取各种维持生命的措施。

4. 认真进行护理记录。按要求如实填写好每个项目。

5. 做好饮食护理。基于老年人营养需要和饮食习惯特点，与家属共同商量临终老年人的饮食。饮食安排既要满足老年人的热量和营养需要，又要适合其饮食习惯和爱好。

6. 像亲人一样重视和问候临终老年人。护理人员应鼓励临终老年人说出自己的恐惧与不安，耐心倾听临终老年人诉说内心的痛苦，然后给予适当的解释和安慰，使其得到解脱。

7. 动员家属与社会成员多探视临终老年人。让老年人感到自己被重视，生活在温暖和希望中，忘记烦恼和孤独，有一个安静舒适的心境。

8. 对临终老年人的异常行为要克制忍耐，切忌发生口角冲突。

第五章　风险预防与紧急处理

问题 14：处理意外事件的基本要求有哪些？

突发意外时，现场护理人员在初步判断老年人伤情的基础上，可采取经过培训的急救措施。对于不熟悉的意外情况，不可擅自对老年人实施救援，但应提供保暖等必要的防护措施。护理人员应在第一时间通知养老机构内医护专业人员，报告上级主管，通知老年人家属。必要时，经与家属协商后拨打“120”或者送往医院救治。

必须对突发事件做好相应记录，包括时间、地点、事件、在场人员、老年人的基本情况和处理经过等，并及时向行政值班人员汇报。

事后应查明意外发生的原因，做好相应的防范措施。

问题 15：如何预防老年人跌倒？

1. 老年人在活动时，尽量有人在旁陪同。

2. 老年人的裤子不要太长，以免踩到裤脚而跌倒。

3. 保持地面干燥以免滑倒。请老年人避开潮湿的地面。发现地面有水时应及时处理。

4. 老年人应穿防滑的鞋子，切勿打赤脚、穿硬底鞋，并且要慎穿拖鞋。特别是在使用卫生间时应格外注意防滑。

5. 在使用轮椅、平车时，请老年人注意在移动到轮椅、平车上之前先将轮椅、平车制动。老年人坐好轮椅或躺好平车后，应立即系好安全带以及拉好护栏。

6. 当发现老年人有躁动、意识不清时，立刻通知医务人员，按程序启动保护性约束流程。

7. 房间内物品摆放整齐，不要在老年人走动的区域内放置不必要的物品。

8. 夜间应在房内开启夜灯。

9. 如老年人使用镇定剂，最好在上床后、睡觉前服用。在老年人使用降压药、血管扩张剂时，请老年人缓慢改变体位，不要提输液瓶上卫生间，不要擅自调节输液滴数。如老年人在使用药物后出现头晕、头痛、眩晕、视物模糊现象时，请老年人在原地不要走动，让陪护人员及时按床头呼叫器通知医护人员。

10. 早晨 5∶30 至 7∶30 是最容易发生跌倒的时段。请老年人按照起床“三部曲”来做。一是清醒后 30 秒再坐起来；二是坐起来后 30 秒再站立；三是站立 30 秒后再行走。

问题 16：如何预防老年人坠床？

1. 加床档。

床档分为一般床档和移动床档。其中，移动床档可根据需要，随时取下或安插在床的两侧。操作完毕后，应及时将床档固定好，保证老年人的安全。经常检查床档是否完好稳当。取下与安插床档时，应动作轻柔，以免引起老年人不适。

2. 使用保护性约束具。

（1）使用条件。(1) 用于避免老年人危险行为的发生（如自杀、自伤、极度兴奋、有明显攻击行为），防止老年人伤害他人或自伤。(2) 用于意识障碍、谵妄躁动的老年人，防止坠床。(3) 用于对治疗、护理不合作的老年人，以保证治疗护理得以顺利实施。

（2）注意事项。(1) 约束老年人要严格掌握使用约束带的适应症，老年人使用前应耐心向老年人或家属解释清楚，获得同意后方可使用。使用时应有医生的医嘱和家属签字的知情同意书，并制订保护性约束使用计划，依据计划进行约束。（2）约束时，保持肢体功能位。约束带的打结固定处不得让老年人的双手触及，以免老年人解开套结发生意外。（3）做好被约束老年人的生活护理，协助老年人大小便，保持床单清洁干燥。（4）需较长时间约束者，应每 2 小时活动肢体或放松 1 次。（5）每小时观察一次约束部位的血液循环情况及约束带的松紧程度，并及时调整。（6）约束只能作为保护老年人安全、保障治疗的方法，不能作为惩罚老年人的手段。

问题 17：老年人跌倒和坠床怎么办？

护理人员应立刻赶到老年人身边，检查老年人的摔伤情况，初步判断老年人的神志、受伤部位、伤情程度。第一时间通知值班医护人员或是拨打“120”送医院，并向上级主管汇报，通知家属。

若伤势较轻可搀扶或用轮椅将老年人送回房间，叮嘱其卧床休息，给予安慰。若出现大出血，应立即就地取材，用干净的毛巾或衣服压迫伤口止血。若四肢出血，可以用布条或止血绑带捆绑止血。老年人摔伤头部或者神志不清、发生骨折时，不要轻易搬运老年人，要保持老年人的呼吸道通畅。

问题 18：如何预防老年人误吸（食）？

老年人进食尽可能地采取坐位。若是卧床老年人，应抬高床头，取半坐卧位，并在头下垫枕头，尽量保持头部前屈。进食过程中，护理人员和老年人都要集中注意力，保证小口进食，细嚼慢咽。对于喝水、喝汤呛咳严重的老年人，可将食物加工成糊状。

问题 19：老年人噎食怎么办？

老年人发生噎食，现场护理人员应立刻进行海姆立克救助法。在老年人还比较清醒的时候，让老年人坐着或者站着，急救人员站在老年人的背后，双臂抱着老年人，一手握拳，顶住老年人的腹部正中的位置，然后用另外的一只手压着握拳的手，不断地向内发力。这样可以让气道的压力增大，让堵塞在气管的食物冲出。

如果这样的急救方式没有产生作用，应及时呼叫医生或将噎食的老年人送往医院。

成功抢救后，仍需注意观察老年人情况，1 小时内不要进食和饮水。

问题 20：老年人压疮（褥疮）的预防和护理要点有哪些？

压疮（褥疮）在很多行动不便的老年人身上是极为常见的，尤其是在卧床不起的老年人身上更为常见。

日常的预防、护理有以下要点：

1. 减轻压力。协助老年人定期翻身，每 2 小时 1 次。翻身后，为保持功能位置，可使用老年人枕头进行支撑。为避免老年人的突出处受压，可使用软垫或气圈等护具垫于老年人的肩、腰、脚部等压疮易发部位，以减轻局部压力。有条件的可使用气垫床的气动功能更换体位。切忌翻身后对压迫处的各种按摩。

2. 注意减少摩擦力。翻身或移动时一定不能拖、拉、拽、扯，要保持床面平整，通过平行抬起老年人等方式，减少皮肤摩擦用力。

3. 减少外源性感染。保证老年人衣物和被褥干净、清洁，衣物质量要柔软亲肤，按时对皮肤进行清洁。清洁时使用温水和中性清洁剂。皮肤干燥可使用凡士林等润肤用品。容易潮湿的皮肤可使用保护膜以增强皮肤抵抗力。

4. 配合营养饮食。无病情制约的老年人可通过高热量、高蛋白、高维生素、易消化的饮食以增强抵抗力。

问题21：老年人突然晕倒怎么办？

1. 检查呼吸：将手放在老年人鼻子前，或把脸贴近老年人鼻子，检查其口鼻是否还有呼吸、胸部有无起伏。如呼吸暂停，要马上对其进行人工呼吸。

2. 检查脉搏：用中指、食指和无名指触摸老年人的颈动脉或桡动脉，如脉搏停止，要立即对老年人进行胸外心脏按压术，以恢复其生命体征。

3. 检查意识：如老年人突然晕倒，应立即询问老年人，与其对话，如病人对问话没有任何反应，要继续呼唤或轻轻推动病人身体。如老年人仍然没有反应，表示其神志不清或丧失意识。当发现老年人不仅没有意识且停止呼吸时，应马上开放气道；若老年人神志不清，但呼吸仍然继续时，应让老年人保持原有状态，对其进行观察。

4. 检查瞳孔：正常人的瞳孔是两个大小相等的圆形；当人受到强大的刺激时，会出现瞳孔放大或缩小的现象，短时间内即可恢复。如老年人突然晕倒，可以抬起老年人眼皮，观察其瞳孔是否有变化。

5. 摆放好老年人体位：应使老年人平卧，解开其衣服和皮带，不要随意翻动老年人。

问题22：老年人中暑怎么办?

首先迅速将老年人撤离引起中暑的高温环境，选择阴凉通风的地方休息，并多饮用一些含盐分的清凉饮料。还可以在额头、太阳穴涂抹清凉油、风油精等，或服用人丹、十滴水、藿香正气水等中药。如果出现血压降低、虚脱时应立即使其平卧，并及时通知医护人员，必要时送医院继续救治。

问题23：老年人烫伤怎么办?

烫伤后应及时去除老年人伤处的衣物，若被粘住不可硬脱，可用剪刀小心剪开，将老年人伤处浸泡在凉水中。

根据烫伤的面积和深度不同，处理方法也不同。轻度烫伤可以用冷水冲洗，半小时后局部涂抹烫伤膏。烫伤较为严重时，不可以用冷水冲洗，起大泡的可以用碘伏消毒后用无菌的注射针头将里面的液体抽出，再用无菌纱布包扎。有开放性创面的，要先清理干净创面，再在伤口上用药。如果烫伤面积大、程度深，要及时送医院就医。

问题 24：老年人心脏骤停怎么办？

1. 判断意识：用双手轻拍病人双肩，询问并观察有无反应。切忌摇晃患者头部。

2. 立刻通知医护人员，拨打“120”。

3. 检查心跳呼吸：观察病人胸部有无起伏，触摸颈动脉是否有搏动。

4. 胸外按压：确保老年人平躺，解开老年人衣服和皮。在两乳头连线中点（胸骨中下 1/3 处），用左手掌跟紧贴病人的胸部，两手重叠，左手五指翘起，双臂伸直，用上身力量用力按压 30 次。

5. 开通气道：仰头抬颌法，检查口腔有无分泌物、有无假牙。

6. 人工呼吸：一手捏住鼻子，将患者嘴包紧送气 2 次。

7. 判断复苏是否有效：听是否有呼吸音，同时触摸是否有颈动脉搏动。

8. 整理病人，等待进一步生命救援。

问题 25：老年人走失怎么办？

立即通知上级主管和老年人家属，呼叫保安人员配合共同找寻老年人。安抚其他知情老年人情绪，避免其他老年人出现异常。

问题 26：老年人出现精神异常症状时怎么办？

观察和记录老年人日常言行，预防意外。有医嘱按医嘱执行。发现老年人出现精神异常症状时应及时向上级主管报告，并通知老年人家属联系就医。

问题 27：老年人有自杀倾向怎么办？

养老院应定期对老年人进行心理评估，并将异常情况及时告知护理员，以便提前做好安全防范工作。护理员一旦发现老年人有自杀念头，应立即向上级领导汇报并通知其家属。

问题 28：老年人突发疾病或病情发生危重变化怎么办？

发现老年人病情危重，应立刻通知医护人员、上级主管和其家属，并拨打“120”。做好相关记录。

第六章　消防安全知识

问题29：防火的基本措施有哪些？

（一）控制可燃物：即控制可燃物品的储存量。

（二）隔绝助燃物：破坏燃烧的助燃条件，具体措施是：

1. 密封有可燃物质的容器、设备；
2. 变压器充惰性气体进行防火保护；
3. 关闭防火门、窗，切断空气对流；
4. 用沙、土覆盖可燃油液。

（三）消除着火源：破坏燃烧的热能源，具体措施是：

1. 在易失火的场所，禁止吸烟和穿带钉子的鞋；
2. 防止电路短路，装高压保险器和保险装置；
3. 安装防静电接地装置；
4. 安装避雷器，防止雷电起火；
5. 在易失火的场所使用防爆电气设备。

（四）阻止火势蔓延。

问题 30：灭火的基本原理和常用方法有哪些？

根据燃烧的基本条件要求，任何可燃物产生燃烧或持续燃烧都必须具备燃烧的必要条件和充分条件。因此所谓灭火，就是破坏燃烧条件，使燃烧反应终止的过程。

（一）冷却灭火。可燃物之所以能持续燃烧，就是它们在火焰或热的作用下达到各自的着火点。冷却灭火就是将可燃物冷却到其着火点以下，以达到灭火效果。

（二）窒息灭火。可燃物的燃烧，都需要在其最低氧浓度以上的条件下进行，低于此浓度时，燃烧不能持续。

（三）隔离灭火。燃料是燃烧条件中的主要因素，如果把可燃物、火焰以及氧隔离开来，那么燃烧反应就会终止。

（四）化学抑制灭火。运用化学原理，通过破坏其氧化反应而达到灭火效果。

问题31：机构的消防设施有哪些？怎么使用？

（一）室内消火栓。使用方法：一般由两人配合操作，一人拉开箱门，迅速取下水带并甩出，手持一端的接口和水枪冲向起火处，途中将水枪和水带接好；另一人将接口另一端连接在消火栓出口处，并打开阀门，水即喷出。

（二）灭火器。使用方法：拉出保险环，压下手把，对准火焰根部，左右扫射。

（三）火灾报警器。使用方法：一般为自动感应报警。听到报警后及时采取灭火措施。

（四）应急照明灯具和疏散指示标志

1. 应急照明灯也称“事故照明”，它是为了防止在断电时，引起人员疏散混乱及消防人员摸黑无法通行而特设的应急装置。

2. 疏散指示标志是在火灾发生时，引导人们疏散的重要标志。机构的应急照明灯和疏散指示标志主要设置在各楼层的楼梯间、应急安全通道和楼层进出口处位置。

问题 32：发生火灾怎么办？

1. 保持镇静，不可惊慌失措；

2. 呼唤附近的同事援助；

3. 立刻报警，通知电话总机、保安部，清楚地报告火警地点、燃烧物质和火势情况；

4. 把火警现场附近所有门和窗关闭，并将电闸关闭，切不可使用电梯，一定要从防火楼梯上下；

5. 正确使用机构内的消防设备及防火器材；

6. 指示好出口方向，组织人员疏散和物质抢救；

7. 电气设备发生火灾时，立即切断电源，采取带电灭火绝缘保护措施；

8. 液化石油气、煤气着火后，要立即切断气源。

问题 33：如何逃生与自救？

首先，火灾袭来时要迅速逃生，不要贪恋财物。楼内失火可向着火层以下疏散，逃生时不要乘坐普通电梯。必须穿过浓烟逃生时，应尽量用浸湿的衣物披裹身体、捂住口鼻，身体贴近地面顺墙逃向远离烟火的安全通道。如果房内备有防毒面罩，逃生时一定要将其戴在头上。

其次，身上着火，可就地打滚，或用厚重衣物覆盖压灭火苗。当楼梯被烈火、浓烟封闭时，可通过窗户、阳台逃往相邻的建筑物，或寻找没有着火的房间，将门窗封闭，防止烟火入侵。

最后，如果烟雾很浓，房门已经烫手，说明大火已封门，此时不能开门逃生，应将门缝塞严，泼水降温，呼救并等待救援。亦可利用室内备存的绳索或缓降器逃生。位于不高的楼层时，可将床单撕开拧成绳逃生。

问题 34：火灾预防的要求有哪些？

1. 严禁携带易燃、易爆物品进入养老机构。

2. 未经保安部门批准，不准在办公室或其他工作场所生火，或使用燃油、燃气、液化石油气等灶具及其他加热设备。

3. 不准随地丢烟头、火柴棒等。

4. 不准燃放烟花爆竹。

5. 不准在安全通道堆放物品或将其用作其他用途。

6. 不准在仓库、机房、客房、洗衣房等地吸烟、用火或私拉乱接电源。

7. 非电工人员不准擅自接或拆电线、电源。

8. 下班时要认真检查办公室内的安全情况，关闭门窗、切断电源后，方可离开。

9. 在重点部位的值班员要坚守岗位，不得擅离职守，要防止火灾的发生。

10. 在厨房的工作人员每周要对气体管道、阀门、开关、电源检查一次，若发生故障，及时汇报。

第七章　突发灾害与事故的应急处理

问题 35：发生水灾怎么办？

1. 物业部门要确保疏散通道畅通，以便抢险救灾。

2. 后勤部门要组织设施抢修，以及协助物业维修。

3. 楼层主管应视情况安排转移老年人至安全区域。

4. 护理人员应按照主管安排及时转移老年人并安抚老年人情绪。

5. 保洁人员应及时放置防跌倒标识和清除积水。

6. 医护人员应确保药品安全，以及实施必要急救。

问题 36：发生地震怎么办？

1. 物业部门负责抢救被压、被困老年人、员工，清理疏散通道。调动院内车辆，确保应急用车。

2. 后勤部门负责组织设施抢修，抢救重要设施、物资等。确保食品、饮用水安全。

3. 楼层主管应视情况安排转移老年人至安全区域，组织发放救灾物资等。

4. 护理人员应根据老年人情况采取相应的急救措施，并安抚老年人情绪。

5. 医护人员应确保药品安全，实施相应的抢救。

问题 37：突然停电怎么办？

护理员应及时告知老年人停电并安抚老年人。停电期间，应防止老年人走动，以免摔倒或走失。应加强巡视，及时回应因停电造成的异常。

问题 38：燃气泄漏怎么办？

护理员应将老年人有序、安全地疏散至通风处，并做好情绪安抚。避免老年人到处走动，以免走失。应避免老年人因窗户打开后导致的跌落。应重点关注失能老年人，如有窒息发生，立即通知医护人员。

参考资料

一、法律法规

1. 中华人民共和国社会保险法（2018 年修正）
2. 中华人民共和国劳动法（2018 年修正）
3. 中华人民共和国劳动合同法（2012 年修正）
4. 中华人民共和国食品安全法（2018 年修正）
5. 中华人民共和国消防法（2019 年修正）

二、标准规范

6. 《室内空气质量标准》（GB/T 18883—2002）
7. 《老年人居住建筑设计标准》（GB/T 50340—2003）
8. 《声环境质量标准》（GB 3096—2008）
9. 《无障碍设计规范》（GB 50763—2012）
10. 《养老机构安全管理》（MZ/T 032—2012）

11.《养老设施建筑设计规范》(GB 50867—2013)

12.《老年人能力评估》(MZ/T 039—2013)

13.《建筑设计防火规范》(GB 50016—2014)(局部修订条文 2018 年版)

14.《养老机构服务质量基本规范》(GB/T 35796—2017)

15.《养老机构等级划分与评定》(GB/T 37276—2018)

三、政府文件

16. 财政部，关于印发《民间非营利组织会计制度》的通知（财会〔2004〕7 号），2004 年 8 月 18 日

17. 民政部、公安部、国家卫生计生委、质检总局、国家标准委、全国老龄办，关于开展养老院服务质量建设专项行动的通知（民发〔2017〕51 号），2017 年 3 月 22 日

18. 民政部、国家标准委，关于印发《养老服务标准体系建设指南》的通知（民发〔2017〕145 号），2017 年 8 月 24 日

19. 民政部、公安部、国家卫生计生委、质检总局、

食品药品监管总局、国家认监委、国家标准委、全国老龄办，关于做好2018年养老院服务质量建设专项行动的通知（民发〔2018〕40号），2018年3月21日

20. 国务院办公厅，关于推进养老服务发展的意见（国办发〔2019〕5号），2019年3月29日

21. 民政部、国家卫生健康委、应急管理部、市场监管总局，关于做好2019年养老院服务质量建设专项行动工作的通知（民发〔2019〕52号），2019年5月13日

四、图书期刊

22. 董红亚. 养老机构的建设和管理［M］. 北京：中国社会出版社，2015.

23. 贾素平. 养老机构管理与运营实务（第2版）［M］. 天津：南开大学出版社，2014.

24. 江苏民康老年服务中心. 养老机构服务与管理实务［M］. 南京：东南大学出版社，2017.

25. 江苏省红十字会. 养老照护100问［M］. 南京：东南大学出版社，2018.

26. 江西省红十字会. 老年介护培训读本［M］. 南昌：江西科学技术出版社，2018.

27. 赵学慧. 老年社会工作理论与实务［M］. 北京：北京大学出版社，2013.

28. 高焕民，李丽梅. 老年心理学（第 2 版）［M］. 北京：科学技术文献出版社，2017.

29. 江丹. 养老护理管理手册［M］. 北京：中国社会出版社，2014.

30. 江丹. 养老护理技术指导［M］. 北京：中国社会出版社，2014.

31. 江丹. 养老护理基础知识［M］. 北京：中国社会出版社，2014.

32. 中国红十字会总会事业发展中心. 曜阳养老人文关怀的探索与实践总论［M］. 北京：经济科学出版社，2018.

33. 陈雪萍，徐红岗，等. 老年志愿服务手册［M］. 杭州：浙江大学出版社，2016.

34. 李胜利. 言语治疗学（第二版）［M］. 北京：华夏出版社，2014.

35. 桑得春，贾子善. 老年康复学［M］. 北京：北京科学技术出版社，2016.

36. 张琦. 临床运动疗法学（第二版）［M］. 北京：华夏出版社，2014.

37. 陈立典. 传统康复方法学［M］. 北京：人民卫

生出版社，2018.

38. 郑彩娥，李秀云. 实用康复护理学（第二版）[M]. 北京：人民卫生出版社，2018.

后　　记

梳理现阶段广大养老机构在建设、管理和服务方面必须遵循的最基本和最起码的要求，形成“曜阳养老机构标准”，进而编撰“曜阳养老机构指导丛书”，是中国红十字会总会事业发展中心为所联系的广大养老机构提供的支持性服务之一。

非常高兴的是，在中国社会保障学会的大力支持下，经过半年多的努力，标准规范的梳理工作基本完成，“曜阳养老机构标准”已见雏形，“曜阳养老机构指导丛书”得以顺利付梓。

标准的梳理和丛书的编写工作，是在事业发展中心主任江丹同志和学会会长、中国人民大学教授郑功成老师的共同领导下完成的。其间，江丹主任与郑功成教授多次沟通，共同规划目标任务、实现途径、预期成果、后续安排等重要工作。郑功成教授利用周末时间，带领编委会全体成员，认真梳理国家标准规范、逐一确定丛书各分册的提纲目录和主要内容，保证了指导丛书的科学性和严谨性。丛书编委会各位成员按照分工，分别负责各分册的编写工作。

第一分册《曜阳养老机构建设与管理指南》，由郭林总负责，郭林、任娜、蔡泽昊、魏国等共同编写。其中，郭林编写第六、九章，任娜编写第二、三、四、五章，蔡泽昊编写第七、八、十、十一章，魏国编写第一章、第七章的“志愿者管理”部分、第十章的“突发事件应急预案”部分。

第二分册《曜阳养老机构服务规范》，由魏国总负责，魏国、孟庆莲、曲夕彦、李彤、亓文等共同编写。其中，孟庆莲、曲夕彦共同编写第一章、第二章、第三章和第四章，魏国、亓文共同编写第五章、第六章和第八章，李彤编写第七章。

第三分册《曜阳养老机构员工手册》，由石琤总负责，石琤和魏国共同编写。其中，石琤编写第二部分大部、第三部分全部，魏国编写第一部分和第二部分第二章。

丛书彩页部分，由亓文负责图片整理和文字内容。

丛书三个分册，由北京大学护理学院谢红副教授做总体修改、魏国做最后统稿。

在丛书编写过程中，中共中央党校青连斌教授给予了专业指导和帮助，首都医科大学附属北京康复医院康复诊疗中心主任郄淑燕副教授指导撰写了康复服务部分，北京市朝阳区第二福利院王淑一副主任参与撰写了心理健康服务部分。北京市海淀区曜阳养老服务中心主任郝圆媛，杭州富春江曜阳国际老年公寓常务副院长胡楠、护理部主任杨锋，扬州曜阳国际老年公寓护理部主任赵欢欢，邯郸市曜阳养老服务中心副主任赵翠霞、护理部主任于丽娜等提出了修改完善的意见。在此，对各位专家学者和养老同行的支持表示衷心的感谢！

中国劳动社会保障出版社对丛书的出版给予了大力的支持，社会保障编辑室副主任张红兵同志带领相关专业人员为丛书的出版付出了大量不为人知的努力，在此，一并表示衷心的感谢！

由于我们的水平有限，书中难免存在错误之处，敬请各位专家学者、养老服务同行、广大读者朋友提出宝贵的批评和建议。

编　者

2019 年 9 月于北京